TB
56
713
A

UN MOT SUR LA BROCHURE

NAPOLÉON III

ET

L'ANGLETERRE.

PARIS

LIBRAIRIE DE FIRMIN DIDOT FRÈRES, FILS ET Cⁱᵉ,

IMPRIMEURS DE L'INSTITUT DE FRANCE,

RUE JACOB, 56.

1858

Droit de traduction et de reproduction réservé.

UN MOT SUR LA BROCHURE

NAPOLÉON III

ET

L'ANGLETERRE.

I

Le remarquable écrit qui captive en ce moment l'attention, fait voir sous un jour lumineux une question qui jusqu'ici n'avait pas été suffisamment éclaircie, et doit dissiper des doutes et des malentendus qui auraient pu affecter la confiance publique dans les relations d'alliance entre la France et l'Angleterre. En effet, après les graves événements qui viennent de s'accomplir, il faut que toutes les situations soient nettement établies pour faire cesser les difficultés qui pourraient surgir de certaines tendances et de certaines dispositions, et pour que les relations entre ces deux pays conservent leur force et leur influence, dont la franchise et la loyauté sont les conditions inséparables. Qu'est-ce qu'une alliance? C'est un pacte de bonne foi conclu entre deux nations qui ont les mêmes intérêts à défendre et qui se prêtent un mutuel concours. De ce pacte découlent des engagements, des stipulations, des conditions qui doivent être observées et remplies de part et d'autre. Eh bien! a-t-on jamais vu plus de franchise et de loyauté que dans les efforts tentés par le gouvernement français, depuis quelques années, pour entretenir les bonnes relations avec son alliée, sûres garanties d'ordre et de paix? N'est-il pas juste que l'Angleterre observe ses engagements et tienne ses promesses avec le même scrupule, et qu'elle marche franchement dans la voie qui lui a été tracée comme un modèle à suivre?

II

La brochure qui vient de paraître est une nouvelle preuve de cette modération que le gouvernement français met dans tous ses actes, et de cet esprit de conciliation que le chef de l'État a toujours manifesté dans le but de maintenir la bonne harmonie et l'union entre les deux puissances, la France et l'Angleterre. Elle invoque le témoignage irrécusable des faits, qui parlent plus haut que tous les commentaires et montrent la persévérance de ses efforts, la préoccupation constante de rapprocher de grands intérêts dont l'union doit être si profitable à l'Europe. Après avoir jeté un coup d'œil rapide sur les différentes phases où le gouvernement a pris l'initiative de la médiation, cet écrit met en relief les secours qu'il a accordés à la Porte, menacée par l'Autriche, et les services qu'il a rendus à l'Angleterre dans la guerre d'Orient. Il est impossible de ne pas citer quelques-uns de ces faits, qui sont frappants de vérité. « En 1849, la Porte est menacée par l'Autriche à cause de l'asile qu'elle accorde aux réfugiés hongrois. Le président de la république pense que la France ne peut pas se désintéresser dans ce débat, qui semble de nature à affecter de graves questions européennes. Il ordonne à la flotte française de se diriger vers les Dardanelles en même temps que la flotte anglaise, et il saisit la première occasion d'une entente active entre les deux gouvernements ; mais il y avait encore à cette époque de telles susceptibilités contre l'Angleterre, que le ministère français, dont M. Odilon Barrot faisait partie, mit une condition à l'envoi de notre flotte : c'est qu'elle ne naviguerait pas avec la flotte anglaise et que son action serait distincte, quoique le but fût commun. Il y avait sans doute dans cette réserve un excès de défiance, mais ce n'était que la conséquence d'un excès de ressentiment entretenu par la double influence de la tribune et de la presse. »

Plus loin, c'est encore la France qui prend l'initiative.

« Nous arrivons à une autre phase des événements contemporains : la question d'Orient éclate dans la politique, la guerre est résolue, l'alliance est conclue entre la France et l'Angleterre. Comment cette alliance a-t-elle été comprise et pratiquée par les deux peuples? Il faut le dire à l'honneur de l'un et de l'autre; s'ils avaient été unis depuis des siècles, ils n'auraient pas apporté plus de loyauté, plus de dévouement mutuel, plus de confiance dans les épreuves qui leur furent communes.

. . . .
. . . .

« La bonne et complète intelligence fut au nombre des instructions les plus formelles que l'Empereur donna aux généraux en chef. Cette inspiration du souverain de la France devint la règle de notre armée dans ses rapports avec l'armée anglaise. Défendant la même cause, exposées aux mêmes périls, les deux armées avaient des devoirs et des intérêts communs; elles se devaient une assistance mutuelle de tous les instants. Pour notre part, nous l'avons donnée avec un entrain et une bonne volonté dont l'exemple est rare, dans l'histoire militaire, entre les combattants d'une même nation. A Inkermann, nous accourions au premier appel de nos alliés pour partager leurs dangers et seconder leur héroïsme sous la terrible étreinte des Russes. Les épreuves d'un hiver rigoureux, les fatigues d'un siége gigantesque, les pertes immenses causées par le feu, le froid, les maladies, ayant diminué considérablement l'effectif de l'armée anglaise, plusieurs régiments partagèrent avec elle le service de ses propres lignes : les Anglais nous ont payé ce concours par une noble réciprocité, etc., etc. »

Et à propos de la révolte des Indes.

« Si la France avait été moins sincère dans ses sentiments, moins désintéressée dans ses vues, l'occasion était belle pour se montrer plus réservée, plus exigeante peut-être envers son alliée. L'Empereur pensa et agit tout autrement : les embarras que la guerre des Indes imposait à l'Angleterre ne le rendirent que plus conciliant à Osborne dans la question des principautés. »

III

Voilà les services rendus. On voit donc partout la perpétuelle sollicitude du chef de l'État pour maintenir l'union et l'entente cordiale, mettant toujours le sentiment personnel au-dessous de l'intérêt public. Certes, c'est là un grand signe de force, et en même temps un profond sentiment de sa grandeur et de sa dignité. Et cette route, il l'a toujours suivie depuis le jour où la France lui a confié ses destinées. Il a commencé par dompter les révolutions, et l'on ne peut oublier que, au milieu des plus grandes crises qui menaçaient l'ordre social, Napoléon III a relevé un grand principe dont il s'est servi pour sauver le pays et la liberté.

IV

Qu'on nous permette quelques réflexions sur le passé. Après tant de gouvernements déchus, tant de trônes brisés, le vent soufflait vers les passions révolutionnaires et démagogiques, ardentes à détruire tous les ports de refuge où la société pouvait s'abriter. Mais sur les flots de cette mer orageuse, flottait une barque qui portait un principe entraîné par un courant invincible. La France, agitée depuis si longtemps, allait retrouver le calme et le repos. On a vu comment tous les essais de république succombèrent sous la plus irrémédiable des impuissances. Pour se rendre compte de l'impression produite sur les esprits par cette nouveauté hardie qui allait changer la face des choses en Europe, il faut comprendre la force du principe qui triompha de l'esprit de désordre. Au milieu du dévergondage d'idées et de faits, il se fit une réaction subite qui mina l'édifice bâti par les nouveaux philosophes. On arrivait en 1852, où déjà tant d'hommes s'étaient usés au pouvoir et avaient donné au pays le triste spectacle de leurs faiblesses. Tant d'efforts avaient échoué, tant d'utopies étaient irréalisables ; il fallait un pouvoir qui détruisît l'arbitraire, soutenu par une autorité ferme et énergique.

V.

Le prince Napoléon avait eu de grandes leçons dans l'exil ; là il avait nourri longtemps une espérance qui n'était pas une illusion éphémère ; elle l'avait soutenu dans les sentiers âpres et difficiles où il avait marché, et cette espérance comptant les débris des gouvernements qui avaient passé sous ses yeux, l'emportait sur son vol vers un avenir qu'il devait atteindre.

La situation où il est venu s'appropriait merveilleusement à son intelligence. A tous les avantages que devaient lui donner l'énergie de son caractère, le prestige de son nom entouré d'une auréole de gloire et de majesté, il joignit l'à-propos. Son esprit avait vu vite, juste et loin. Et ce n'est pas seulement parce qu'il a vaincu la révolution, qu'il a joué un si grand rôle dans les événements qui se sont accomplis, c'est encore parce qu'il a rendu en un instant au monde la paix et la sécurité profondément atteintes par les orages de février et de juin, par ces luttes retentissantes de la tribune pleine d'effervescence, les tempêtes des clubs, la vie passionnée des hommes de désordre qui conspiraient ouvertement contre la société tout entière, les faiblesses d'une assemblée dont l'attitude pusillanime laissait tant de prises aux fougueuses passions des tribuns. Son génie a grandi dans les difficultés ; le coup d'État du 2 décembre fut la raison qui jugea la nécessité des actes, et l'imagination qui assigna le jour et l'heure. Seule diversion possible aux envahissements des idées révolutionnaires. Jours brillants où la force intelligente s'asseyait au gouvernail, et faisait appel à la France en la prenant pour juge. On sait comment le pays répondit à cet appel. Chose remarquable, la révolution, qui avait commencé par la déclaration de la souveraineté du peuple, finissait par la déclaration du droit national.

VI

Plus heureux que l'empereur Napoléon Ier, l'empereur Napoléon III a fondé la paix. Le premier avait pris la guerre comme une diversion aux idées révolutionnaires; car, comme le dit un écrivain remarquable de notre époque, Napoléon Ier gouverna le pays par une grande diversion. Il déploya pour elle les ressources d'un génie fécond en surprises. On se demandait tous les matins : Que fait, ou que fera Alexandre ? Le mouvement de cette époque se personnifia en lui; il fut le véritable poëte de ce temps : ses iliades se nommèrent Marengo, Austerlitz, Wagram, Friedland, Tilsitt, Iéna. Mais ce perpétuel besoin de combattre et de vaincre fut un inconvénient de sa situation. On voit que, malgré le génie du grand conquérant, la guerre était devenue une politique difficile qui devait amener de graves complications dans les événements qui se sont accomplis.

VII

L'Empire de 1854, ce fut la paix. Les esprits se rassurèrent en voyant le calme se rétablir peu à peu après les secouses violentes que le pays avait éprouvées. Aussi le gouvernement protecteur fut accueilli avec enthousiasme, et la nation convoquée proclama une grande vérité historique : c'est qu'un principe faussement appliqué peut amener une révolution sanglante; un principe sagement appliqué doit fonder un gouvernement national.

Mais aussi quelle persévérance dans les efforts, quelle énergie dans les moyens ! L'homme qui avait eu tant d'épreuves à subir, et qui avait passé de si mauvais jours, déshérité d'une immense fortune, avait caressé dans ses rêves les plus chers l'espoir du rétablissement de sa dynastie. Cette pensée avait soutenu son courage, il l'avait poursuivie de toutes les forces de son âme. Cette foi politique nous rappelle le mot de l'historien de Rome : *Susceperunt imperium romanum transferendum, et transtulerunt.*

L'ordre a donc été rétabli par un gouvernement qui a compris qu'il fallait donner des garanties à tous les intérêts légitimes. Grande intelligence que celle qui s'efforce de s'élever à la hauteur des desseins de la Providence, et devient la logique des événements! Le principe du pouvoir actuel, fondé sur les idées de 89, prouvait que leur force est immuable et éternelle; que les révolutions peuvent entraîner avec elles hommes et choses, dans leur courant rapide, mais que leur influence reste debout et domine le monde. Ainsi le gouvernement a fait une enquête dans les traditions de ce passé, fertile en leçons, il a trouvé la raison des choses, et a ajouté l'énergie à la force pour triompher des obstacles. Ses vues ont été profondément vraies, parce qu'elles étaient éminemment nationales. Voilà pourquoi la France a acclamé ce gouvernement, voilà pourquoi les suffrages des autres lui ont été acquis, voilà pourquoi l'Angleterre a fait avec lui une alliance d'admiration et de sympathie.

VIII

Mais cette alliance entraîne avec elle des obligations, avant tout celle de protéger le chef de l'État contre les détestables passions qui arment tant de parricides, comme un dernier défi jeté par la révolution écrasée, comme la ressource de la rage et du désespoir du vaincu. Il faut chasser impitoyablement ces hommes qui conspirent ouvertement sur le sol étranger; les forcer à s'enfoncer dans des exils plus lointains, car, comme on le trouve écrit dans cette brochure, ces organisations de réfugiés en veulent à la vie de l'Empereur, parce qu'ils le considèrent comme le bouclier de l'ordre social et l'obstacle à l'anarchie universelle. Aujourd'hui, l'Empereur est indispensable à l'Europe. « La vie du souverain, comme l'a dit Shakespeare, est précieuse pour tous, car lorsqu'elle vient à disparaître, un gouffre s'ouvre à la place qu'elle occupait, et tout ce qui était autour d'elle, elle l'entraîne avec elle. » Il faut donc que l'alliance qui a été cimentée par des rapports si heureux entre la France et l'Angleterre, alliance qui n'est pas l'ambition des conquêtes, mais bien la réunion des grands intérêts de la civilisation, et qui préserve l'Europe contre des empiétements et des agressions, soit sérieuse et durable; car si, par un admirable effort de raison, quelques rancunes hostiles, quelques susceptibilités qui s'opposaient à son retour ont été oubliées, et si les deux nations se sont donné franchement la main sur un terrain de réconciliation, l'influence de ce grand acte doit rejaillir sur l'équilibre universel.

On en est aujourd'hui arrivé à l'exécution des promesses stipulées, et dont les garanties doivent être inviolables. La France demande hautement l'expulsion des réfugiés révolutionnaires du sol anglais, pour fermer toutes les issues à ce foyer de désordre et d'insurrection. Car si ces hommes trouvent, dans un pays comme l'Angleterre, un abri, un asile, une protection, elle est, selon l'expression d'un démagogue, la coupable et la receleuse qui les abrite et les imprime. Alors l'alliance ne serait qu'un mot stérile, le droit des gens un prétexte pour abriter les fauteurs de crime, les professeurs de l'assassinat.

IX

C'est en vain qu'on pourrait invoquer quelques sentiments de *commisération ou quelque pitié pour ces hommes qu'on appellerait les malheureuses victimes des complots.* Qu'on agisse comme les maîtres qui les ont envoyés sans pitié à la mort et qui n'ont pas craint de faire dévorer tant de victimes pour atteindre leur but infernal, hommes deux fois criminels, pour avoir conçu la pensée du forfait, et pour en avoir tué les instruments. Le voilà le disciple de vos doctrines, apôtres de la démagogie, ce fougueux révolutionnaire, Orsini, qui avait employé toute son énergie à conspirer selon vos leçons, aveugle esclave de votre odieux égoïsme, le voilà écrasé par le fardeau qu'il a soulevé. Qui vous dira les secrètes pensées qui se sont remuées dans son cœur à ses derniers moments, pensées rapides car les moments sont courts, mais pensées profondes parce que le poids de l'éternité qui les presse les fait descendre bien avant dans le temps. Qui vous dira quelles furent ses impressions aux derniers instants du mourant, s'il ne vous a pas accusés, maudits, vous qui l'avez précipité dans l'abîme ; si son forfait ne lui est pas apparu dans toute son horreur, et s'il n'en aurait pas voulu effacer l'acte ineffaçable. Hommes de sang, voilà votre ouvrage !

X

Les dernières lignes de cet écrit sont un résumé de ses développements. Il est impossible de demander avec plus de modération de langage la réalisation des engagements contractés. C'est un appel à un sentiment d'honneur et de loyauté qui doit trouver un écho dans le patriotisme de l'Angleterre. « Nous avons expliqué notre conduite à l'égard de l'Angleterre : nous avons montré ce que l'empereur Napoléon III avait été pour elle : nous pouvons dire hautement qu'elle n'a jamais trouvé un allié plus loyal, plus persévérant, plus indépendant des petites passions et des rancunes. Cette justice lui était rendue dernièrement au sein du Parlement, comme elle lui sera rendue par l'histoire, et nous acceptons cet hommage pour la France et son souverain comme un honneur. Aussi avons-nous la confiance que le peuple anglais ne se laissera pas tromper par des attaques aussi difficiles à expliquer qu'impossibles à excuser, et que son bon sens, son patriotisme l'emportant sur de fausses interprétations, l'alliance des deux pays résistera à l'épreuve de ces derniers incidents. »

Et maintenant que nous avons jeté un coup d'œil sur cette grave question, nous pourrons recueillir une pensée consolante, et nous aurons le droit de nous réjouir qu'un accord légitime autant que nécessaire soit conclu dans la politique. Le respect pour l'alliance anglo-française, l'empressement de l'opinion autour d'une grande œuvre de réparation commencée, montrent ce que l'esprit public doit attendre de son entier accomplissement. La vérité a gagné du terrain, dégagée du nuage qui l'obscurcissait. Ainsi sera assurée entre ces deux nations cette grande et noble communauté d'idées qui sera leur force, leur unité, leur avenir, la paix du monde.

Paris. — Typographie de Firmin Didot frères, fils et Cⁿ, rue Jacob, 56.